VORWORT

Die Sammlung "Alles wird gut!" von T&P Books ist für Menschen, die für Tourismus und Geschäftsreisen ins Ausland reisen. Die Sprachführer beinhalten, was am wichtigsten ist - die Grundlagen für eine grundlegende Kommunikation. Dies ist eine unverzichtbare Reihe von Sätzen um zu "überleben", während Sie im Ausland sind.

Dieser Sprachführer wird Ihnen in den meisten Fällen helfen, in denen Sie etwas fragen müssen, Richtungsangaben benötigen, wissen wollen wie viel etwas kostet usw. Es kann auch schwierige Kommunikationssituationen lösen, bei denen Gesten einfach nicht hilfreich sind.

Dieses Buch beinhaltet viele Sätze, die nach den wichtigsten Themen gruppiert wurden. Sie werden auch ein kleines Wörterbuch mit nützlichen Wörtern über Nummern, Zeit, Kalender, Farben usw. finden. Das Wörterbuch beinhaltet viele gastronomische Begriffe und wird Ihnen hilfreich bei der Bestellung von Essen in einem Restaurant oder beim Kauf von Lebensmitteln im Lebensmittelgeschäft sein.

Nehmen Sie den "Alles wird gut" Sprachführer mit Ihnen auf die Reise und Sie werden einen unersetzlichen Begleiter haben, der Ihnen helfen wird, Ihren Weg aus jeder Situation zu finden und Ihnen beibringen wird keine Angst beim Sprechen mit Ausländern zu haben.

INHALTSVERZEICHNIS

T&P Books Publishing

Reisesprachführersammlung
"Alles wird gut!"

T&P Books Publishing

SPRACHFÜHRER

— ARABISCH —

Die nützlichsten Wörter und Sätze

Dieser Sprachführer beinhaltet die häufigsten Sätze und Fragen, die für die grundlegende Kommunikation mit Ausländern benötigt wird

Andrey Taranov

T&P BOOKS

Sprachführer + Wörterbuch mit 250 Wörtern

Sprachführer Deutsch-Arabisch und Mini-Wörterbuch mit 250 Wörtern

Von Andrey Taranov

Die Sammlung "Alles wird gut!" von T&P Books ist für Menschen, die für Tourismus und Geschäftsreisen ins Ausland reisen. Die Sprachführer beinhalten, was am wichtigsten ist - die Grundlagen für eine grundlegende Kommunikation. Dies ist eine unverzichtbare Reihe von Sätzen um zu "überleben", während Sie im Ausland sind.

Sie finden hier auch ein Mini-Wörterbuch mit 250 nützlichen Wörtern, die für die tägliche Kommunikation erforderlich sind - die Namen der Monate und Wochentage, Messungen, Familienmitglieder und mehr.

T&P Books Publishing
www.tpbooks.com

ISBN: 978-1-78716-933-3

Dieses Buch ist auch im E-Book Format erhältlich.
Besuchen Sie uns auch auf www.tpbooks.com oder auf einer der bedeutenden Buchhandlungen online.

AUSSPRACHE

T&P phonetisches Alphabet	Arabisch Beispiel	Deutsch Beispiel
[a]	طَفَى [ṭaffa]	schwarz
[ā]	إختار [iχtār]	Zahlwort
[e]	هامبورجر [hamburger]	Pferde
[i]	زفاف [zifāf]	ihr, finden
[ī]	أبريل [abrīl]	Wieviel
[u]	كلكتا [kalkutta]	kurz
[ū]	جاموس [ʒāmūs]	über
[b]	بداية [bidāya]	Brille
[d]	سعادة [saˈāda]	Detektiv
[ḍ]	وضع [waḍˈ]	pharyngalisiert [d]
[ʒ]	الأرجنتين [arʒantīn]	Regisseur
[ð]	تذكار [tiðkār]	Motherboard
[z]	ظهر [zahar]	pharyngalisiert [z]
[f]	خفيف [χafīf]	fünf
[g]	جولف [gūlf]	gelb
[h]	إتّجاه [ittiʒāh]	brauchbar
[ḥ]	أحبّ [aḥabb]	pharyngalisiert [h]
[y]	ذهبيّ [ðahabiy]	Jacke
[k]	كرسيّ [kursiy]	Kalender
[l]	لمح [lamaḥ]	Juli
[m]	مرصد [marṣad]	Mitte
[n]	جنوب [ʒanūb]	Vorhang
[p]	كابتشينو [kaputʃīnu]	Polizei
[q]	وثق [waθiq]	Kobra
[r]	روح [rūḥ]	richtig
[s]	سخريّة [suχriyya]	sein
[ṣ]	معصم [miˈṣam]	pharyngalisiert [s]
[ʃ]	عشاء [ˈaʃāˈ]	Chance
[t]	تنّوب [tannūb]	still
[ṭ]	خريطة [χarīṭa]	pharyngalisiert [t]
[θ]	ماموث [mamūθ]	stimmloser th-Laut
[v]	فيتنام [vitnām]	November
[w]	ودّع [waddaˈ]	schwanger
[χ]	بخيل [baχīl]	billig
[ɣ]	تغدّى [taɣadda]	Vogel (Berlinerisch)
[z]	ماعز [māˈiz]	sein

T&P phonetisches Alphabet	Arabisch Beispiel	Deutsch Beispiel
[ˤ] (ayn)	[sabˤa] سبعة	stimmhafte pharyngale Frikativ
[ʔ] (hamza)	[saˈal] سأل	Glottisschlag

LISTE DER ABKÜRZUNGEN

Arabisch. Abkürzungen

du	-	Plural-Nomen-(doppelt)
f	-	Femininum
m	-	Maskulinum
pl	-	Plural

Deutsch. Abkürzungen

Adj	-	Adjektiv
Adv	-	Adverb
Amtsspr.	-	Amtssprache
f	-	Femininum
f, n	-	Femininum, Neutrum
Fem.	-	Femininum
m	-	Maskulinum
m, f	-	Maskulinum, Femininum
m, n	-	Maskulinum, Neutrum
Mask.	-	Maskulinum
n	-	Neutrum
pl	-	Plural
Sg.	-	Singular
ugs.	-	umgangssprachlich
unzähl.	-	unzählbar
usw.	-	und so weiter
v mod	-	Modalverb
vi	-	intransitives Verb
vi, vt	-	intransitives, transitives Verb
vt	-	transitives Verb
zähl.	-	zählbar
z.B.	-	zum Beispiel

ARABISCHER SPRACHFÜHRER

Dieser Teil beinhaltet wichtige Sätze, die sich in verschiedenen realen Situationen als nützlich erweisen können.
Der Sprachführer wird Ihnen dabei helfen nach dem Weg zu fragen, einen Preis zu klären, Tickets zu kaufen und Essen in einem Restaurant zu bestellen.

T&P Books Publishing

INHALT SPRACHFÜHRER

T&P Books Publishing

Das absolute Minimum

Entschuldigen Sie bitte, ...	ba'd ezznak, ... بعد إذنك، ...
Hallo.	ahlan أهلاً
Danke.	ʃokran شكراً
Auf Wiedersehen.	ella alliqā' إلى اللقاء
Ja.	aywā أيوة
Nein.	la'a لأ
Ich weiß nicht.	ma'raʃʃ ما أعرفش
Wo? | Wohin? | Wann?	feyn? | lefeyn? | emta? فين؟ ا لفين؟ ا إمتى؟

Ich brauche ...	mehtāg ... محتاج ...
Ich möchte ...	'āyez ... عايز ...
Haben Sie ...?	ya tara 'andak ...? يا ترى عندك...؟
Gibt es hier ...?	feyh hena ...? فيه هنا ...؟
Kann ich ...?	momken ...? ممكن ...؟
Bitte (anfragen)	... men faḍlak ... من فضلك

Ich suche ...	ana badawwar 'la ... أنا بادور على ...
die Toilette	hammām حمام
den Geldautomat	makīnet ṣarraf 'āaly ماكينة صراف آلي
die Apotheke	ṣaydaliya صيدلية
das Krankenhaus	mostaʃfa مستشفى
die Polizeistation	'essm el ʃorṭa قسم شرطة
die U-Bahn	metro el anfā' مترو الأنفاق

das Taxi	taksi
	تاكسي
den Bahnhof	mahattet el 'attr
	محطة القطر

Ich heiße ...	essmy ...
	إسمي...
Wie heißen Sie?	essmak eyh?
	اسمك إيه؟
Helfen Sie mir bitte.	te'ddar tesā'dny?
	تقدر تساعدني؟
Ich habe ein Problem.	ana 'andy moʃkela
	أنا عندي مشكلة
Mir ist schlecht.	ana ta'bān
	أنا تعبان
Rufen Sie einen Krankenwagen!	otlob 'arabeyet es'āf!
	أطلب عربية إسعاف!
Darf ich telefonieren?	momken a'mel mokalma telefoniya?
	ممكن أعمل مكالمة تليفونية؟

Entschuldigung.	ana 'āssif
	أنا آسف
Keine Ursache.	el 'afw
	العفو

ich	ana
	أنا
du	enta
	أنت
er	howwa
	هو
sie	hiya
	هي
sie (Pl, Mask.)	homm
	هم
sie (Pl, Fem.)	homm
	هم
wir	ehna
	احنا
ihr	entom
	انتم
Sie	haddretak
	حضرتك

EINGANG	doχūl
	دخول
AUSGANG	χorūg
	خروج
AUßER BETRIEB	'attlān
	عطلان
GESCHLOSSEN	moχlaq
	مغلق

OFFEN	maftūḥ
	مفتوح
FÜR DAMEN	lel sayedāt
	للسيدات
FÜR HERREN	lel regāl
	للرجال

Fragen

Wo?
feyn?
فين؟

Wohin?
lefeyn?
لفين؟

Woher?
men feyn?
من فين؟

Warum?
leyh?
ليه؟

Wozu?
le'ayī sabab?
لأي سبب؟

Wann?
emta?
إمتى؟

Wie lange?
leḥadd emta?
لحد إمتى؟

Um wie viel Uhr?
fi ayī sā'a?
في أي ساعة؟

Wie viel?
bekām?
بكام؟

Haben Sie ...?
ya tara 'andak ...?
يا ترى عندك ...؟

Wo befindet sich ...?
feyn ...?
فين ...؟

Wie spät ist es?
el sā'a kām?
الساعة كام؟

Darf ich telefonieren?
momken a'mel mokalma telefoniya?
ممكن أعمل مكالمة تليفونية؟

Wer ist da?
meyn henāk?
مين هناك؟

Darf ich hier rauchen?
momken addaxen hena?
ممكن أدخن هنا؟

Darf ich ...?
momken ...?
ممكن ...؟

Bedürfnisse

Ich hätte gerne ...	aḥebb ... ... أحب
Ich will nicht ...	meʃ ʿāyiz ... ... مش عايز
Ich habe Durst.	ana ʿaṭʃān أنا عطشان
Ich möchte schlafen.	ʿāyez anām عايز أنام

Ich möchte ...	ʿāyez ... ... عايز
abwaschen	atʃattaf أتشطف
mir die Zähne putzen	aɣsel senāny أغسل سناني
eine Weile ausruhen	artāḥ ʃwaya أرتاح شوية
meine Kleidung wechseln	aɣayar hodūmy أغير هدومي

zurück ins Hotel gehen	argaʿ lel fondoq أرجع للفندق
kaufen ...	ʃerāʾ ... ... شراء
gehen ...	arūḥ le ... ...لـ أروح
besuchen ...	azūr ... ... أزور
treffen ...	aʿābel ... ... أقابل
einen Anruf tätigen	aʿmel mokalma telefoniya أعمل مكالمة تليفونية

Ich bin müde.	ana taʿbān أنا تعبان
Wir sind müde.	eḥna taʿbānīn إحنا تعبانين
Mir ist kalt.	ana bardān أنا بردان
Mir ist heiß.	ana ḥarran أنا حران
Mir passt es.	ana kowayes أنا كويس

Ich muss telefonieren.	mehtāg a'mel mokalma telefoneya
	محتاج أعمل مكالمة تليفونية
Ich muss auf die Toilette.	mehtāg arūh el hammam
	محتاج أروح الحمام
Ich muss gehen.	lāzem amʃy
	لازم أمشي
Ich muss jetzt gehen.	lāzem amʃy dellwa'ty
	لازم أمشي دلوقتي

Wie man nach dem Weg fragt

Entschuldigen Sie bitte, ...	ba'd ezznak, ... ،بعد إذنك
Wo befindet sich ...?	feyn ...? ؟... فين
Welcher Weg ist ...?	meneyn ...? ؟... منين
Könnten Sie mir bitte helfen?	momken tesā'edny, men faḍlak? ممكن تساعدني، من فضلك؟

Ich suche ...	ana badawwạr 'la ... ... أنا بادور على
Ich suche den Ausgang.	baddawwar 'la ṭarīq el ᵡorūg بادور على طريق الخروج
Ich fahre nach ...	ana rāyeḥ le... ...أنا رايح لـ
Gehe ich richtig nach ...?	ana māʃy fel ṭarīq el ṣaḥḥ le ...? ؟ ...أنا ماشي في الطريق الصح لـ

Ist es weit?	howwa be'īd? هو بعيد؟
Kann ich dort zu Fuß hingehen?	momken awṣal ḥenāk māʃy? ممكن أوصل هناك ماشي؟
Können Sie es mir auf der Karte zeigen?	momken tewarrīny 'lal ᵡarīṭa? ممكن توريني على الخريطة؟
Zeigen Sie mir wo wir gerade sind.	momken tewarrīny eḥna feyn dellwa'ty? ممكن توريني إحنا فين دلوقتي؟

Hier	hena هنا
Dort	henāk هناك
Hierher	men hena من هنا

Biegen Sie rechts ab.	oddᵡol yemīn ادخل يمين
Biegen Sie links ab.	oddᵡol ʃemal ادخل شمال
erste (zweite, dritte) Abzweigung	awwel (tāny, tālet) ʃāre' أول (تاني، تالت) شارع
nach rechts	'lal yemīn على اليمين

nach links

'lal ʃemal

على الشمال

Laufen Sie geradeaus.

'la ṭūl

على طول

Schilder

HERZLICH WILLKOMMEN!   marḥaba
مرحبا

EINGANG   doχūl
دخول

AUSGANG   χorūg
خروج

DRÜCKEN   eddfaʿ
إدفع

ZIEHEN   ess-ḥab
إسحب

OFFEN   maftūḥ
مفتوح

GESCHLOSSEN   moγlaq
مغلق

FÜR DAMEN   lel sayedāt
للسيدات

FÜR HERREN   lel regāl
للرجال

HERREN-WC   el sāda
السادة

DAMEN-WC   el sayedāt
السيدات

RABATT | REDUZIERT   taχfīdāt
تخفيضات

AUSVERKAUF   okazyōn
اوكازيون

GRATIS   maggānan
مجانا

NEU!   gedīd!
جديد!

ACHTUNG!   ennttabeh!
إنتبه!

KEINE ZIMMER FREI   mafīʃ makān
ما فيش مكان

RESERVIERT   mahgūz
محجوز

VERWALTUNG   el edāra
الإدارة

NUR FÜR PERSONAL   lel ʿamelīn faqaṭ
للعاملين فقط

BISSIGER HUND	ehhtaress men el kalb! إحترس من الكلب!
RAUCHEN VERBOTEN!	mammnūʿ el tadχīn! ممنوع التدخين!
NICHT ANFASSEN!	mammnūʿ el lammss! ممنوع اللمس!
GEFÄHRLICH	χaṭīr خطير
GEFAHR	χaṭar خطر
HOCHSPANNUNG	gohd ʿāly جهد عالي
BADEN VERBOTEN	mammnūʿ el sebāḥa! ممنوع السباحة!

AUßER BETRIEB	ʿaṭṭlān عطلان
LEICHTENTZÜNDLICH	qābel lel eʃteʿāl قابل للإشتعال
VERBOTEN	mammnūʿ ممنوع
DURCHGANG VERBOTEN	mammnūʿ el taχaṭty! ممنوع التخطي!
FRISCH GESTRICHEN	ṭalāʾ ḥadiis طلاء حديث

WEGEN RENOVIERUNG GESCHLOSSEN	moɣlaq lel tagdedāt مغلق للتجديدات
ACHTUNG BAUARBEITEN	aʃɣāl fel ṭarīq أشغال في الطريق
UMLEITUNG	monḥany منحنى

Transport - Allgemeine Phrasen

Flugzeug	tayāra
	طيارة
Zug	'attr
	قطر
Bus	otobiis
	اوتوبيس
Fähre	safīna
	سفينة
Taxi	taksi
	تاكسي
Auto	'arabiya
	عربية

Zeitplan	gadwal
	جدول
Wo kann ich den Zeitplan sehen?	a'dar aʃūf el gadwal feyn?
	أقدر أشوف الجدول فين؟
Arbeitstage	ayām el ossbū'
	أيام الأسبوع
Wochenenden	nehāyet el osbū'
	نهاية الأسبوع
Ferien	el 'agazāt
	الأجازات

ABFLUG	el saffar
	السفر
ANKUNFT	el wosūl
	الوصول
VERSPÄTET	mett'χara
	متأخرة
GESTRICHEN	molχā
	ملغاه

nächste (Zug, usw.)	el gayī
	الجاي
erste	el awwel
	الأول
letzte	el 'aχīr
	الأخير

Wann kommt der Nächste ...?	emta el ... elly gayī?
	إمتى الـ ... إللي جاي؟
Wann kommt der Erste ...?	emta awwel ...?
	إمتى اول ...؟

Wann kommt der Letzte …?	emta 'āχer …? ؟... إمتى آخر
Transfer	tabdīl تبديل
einen Transfer machen	abaddel أبدل
Muss ich einen Transfer machen?	hal ahtāg le tabdīl el…? ؟...هل أحتاج لتبديل الـ

Eine Fahrkarte kaufen

Wo kann ich Fahrkarten kaufen?	meneyn momken aʃtery tazäker? منين ممكن أشتري تذاكر؟
Fahrkarte	tazzkara تذكرة
Eine Fahrkarte kaufen	ʃerā' tazäker شراء تذاكر
Fahrkartenpreis	as'ār el tazäker أسعار التذاكر

Wohin?	lefeyn? لفين؟
Welche Station?	le'ayī maḥatta? لأي محطة؟
Ich brauche …	meḥtāg … محتاج …
eine Fahrkarte	tazzkara waḥda تذكرة واحدة
zwei Fahrkarten	tazzkarteyn تذكرتين
drei Fahrkarten	talat tazäker تلات تذاكر

in eine Richtung	zehāb faqaṭṭ ذهاب فقط
hin und zurück	zehāb we 'awda ذهاب وعودة
erste Klasse	daraga ūla درجة أولى
zweite Klasse	daraga tanya درجة ثانية

heute	el naharda النهاردة
morgen	bokra بكرة
übermorgen	ba'd bokra بعد بكرة
am Vormittag	el sobḥ الصبح
am Nachmittag	ba'd el zohr بعد الظهر
am Abend	bel leyl بالليل

Gangplatz	korsy mammar
	كرسي ممر
Fensterplatz	korsy ʃebbāk
	كرسي شباك
Wie viel?	bekām?
	بكام؟
Kann ich mit Karte zahlen?	momken addfaʿ be kart e'temān?
	ممكن أدفع بكارت إئتمان؟

Bus

Bus	el otobiis
	الأوتوبيس
Fernbus	otobiis beyn el moddon
	أوتوبيس بين المدن
Bushaltestelle	mahaṭṭet el otobiis
	محطة الأوتوبيس
Wo ist die nächste Bushaltestelle?	feyn aqrab mahaṭṭet otobiis?
	فين أقرب محطة أوتوبيس؟
Nummer	raqam
	رقم
Welchen Bus nehme ich um nach … zu kommen?	'āxod ayī otobiis le …?
	أخذ أي اوتوبيس لـ…؟
Fährt dieser Bus nach …?	el otobiis da beyrūh …?
	الأوتوبيس دة بيروح …؟
Wie oft fahren die Busse?	el otobiis beyīgi kol 'add eyh?
	الأوتوبيس بيجي كل قد إيه؟
alle fünfzehn Minuten	kol xamasstāʃar daqīqa
	كل 15 دقيقة
jede halbe Stunde	kol noṣṣ sāʿa
	كل نص ساعة
jede Stunde	kol sāʿa
	كل ساعة
mehrmals täglich	kaza marra fel yome
	كذا مرة في اليوم
… Mal am Tag	… marrat fell yome
	… مرات في اليوم
Zeitplan	gadwal
	جدول
Wo kann ich den Zeitplan sehen?	a'dar aʃūf el gadwal feyn?
	أقدر أشوف الجدول فين؟
Wann kommt der nächste Bus?	emta el otobīss elly gayī?
	إمتى الأتوبيس إللي جاي؟
Wann kommt der erste Bus?	emta awwel otobiis?
	إمتى أول أوتوبيس؟
Wann kommt der letzte Bus?	emta 'āxer otobiis?
	إمتى آخر أوتوبيس؟
Halt	mahaṭṭa
	محطة
Nächster Halt	el mahaṭṭa el gaya
	المحطة الجاية

Letzter Halt

axer mahatta

آخر محطة (أخر الخط)

Halten Sie hier bitte an.

laww samaht, wa'eff hena

لو سمحت، وقف هنا

Entschuldigen Sie mich,
dies ist meine Haltestelle.

ba'd ezznak, di mahattetti

بعد إذنك، دي محطتي

Zug

Zug	el 'attr
	القطر
S-Bahn	'attr el dawāhy
	قطر الضواحي
Fernzug	'attr el masāfāt el tawīla
	قطر المسافات الطويلة
Bahnhof	mahattet el 'attr
	محطة القطر
Entschuldigen Sie bitte, wo ist der Ausgang zum Bahngleis?	ba'd ezznak, meneyn el tarīq lel rasīf
	بعد إذنك، منين الطريق للرصيف؟

Fährt dieser Zug nach ...?	el 'attr da beyrūh ...?
	القطر دة بيروح ...؟
nächste Zug	el 'attr el gayī?
	القطر الجاي؟
Wann kommt der nächste Zug?	emta el 'attr elly gayī?
	إمتى القطر إللي جاي؟
Wo kann ich den Zeitplan sehen?	a'dar afūf el gadwal feyn?
	أقدر أشوف الجدول فين؟
Von welchem Bahngleis?	men ayī rasīf?
	من أي رصيف؟
Wann kommt der Zug in ... an?	emta yewsal el 'attr ...?
	إمتى يوصل القطر ...؟

Helfen Sie mir bitte.	argūk sā'dny
	ارجوك ساعدني
Ich suche meinen Platz.	baddawwar 'lal korsy betā'y
	بادور على الكرسي بتاعي
Wir suchen unsere Plätze.	ehna benndawwar 'la karāsy
	إحنا بندور على كراسي
Unser Platz ist besetzt.	el korsy betā'i mafɣūl
	الكرسي بتاعي مشغول
Unsere Plätze sind besetzt.	karaseyna mafɣūla
	كراسينا مشغولة

Entschuldigen Sie, aber das ist mein Platz.	'ann ezznak, el korsy da betā'y
	عن إذنك، الكرسي دة بتاعي
Ist der Platz frei?	el korsy da mahgūz?
	الكرسي دة محجوز؟
Darf ich mich hier setzen?	momken a'od hena?
	ممكن أقعد هنا؟

Im Zug - Dialog (Keine Fahrkarte)

Fahrkarte bitte.	tazāker men faḍlak
	تذاكر من فضلك
Ich habe keine Fahrkarte.	ma'andīʃ tazzkara
	ما عنديش تذكرة
Ich habe meine Fahrkarte verloren.	tazzkarty ḍā'et
	تذكرتي ضاعت
Ich habe meine Fahrkarte zuhause vergessen.	nesīt tazkarty fel beyt
	نسيت تذكرتي في البيت
Sie können von mir eine Fahrkarte kaufen.	momken teʃtery menny tazkara
	ممكن تشتري مني تذكرة
Sie werden auch eine Strafe zahlen.	lāzem teddfa' γarāma kaman
	لازم تدفع غرامة كمان
Gut.	tamām
	تمام
Wohin fahren Sie?	enta rāyeḥ feyn?
	إنت رايح فين؟
Ich fahre nach ...	ana rāyeḥ le...
	أنا رايح لـ...
Wie viel? Ich verstehe nicht.	bekām? aηa meʃ fāhem
	بكام؟ أنا مش فاهم
Schreiben Sie es bitte auf.	ektebha laww samaḥt
	إكتبها لو سمحت
Gut. Kann ich mit Karte zahlen?	tamām. momkeη addfa' be kredit kard?
	تمام. ممكن أدفع بكريدت كارد؟
Ja, das können Sie.	aywā momken
	أيوة ممكن
Hier ist ihre Quittung.	ettfaddal el īṣāl
	أتفضل الإيصال
Tut mir leid wegen der Strafe.	'āssef beχeṣūṣ el γarāma
	آسف بخصوص الغرامة
Das ist in Ordnung. Es ist meine Schuld.	mafīʃ moʃkela. di γaltety
	ما فيش مشكلة. دي غلطتي
Genießen Sie Ihre Fahrt.	esstammte' be reḥlatek
	استمتع برحلتك

Taxi

Taxi	taksi
	تاكسي
Taxifahrer	sawwā' el taksi
	سواق التاكسي
Ein Taxi nehmen	'āχod taksi
	أخد تاكسي
Taxistand	maw'af taksi
	موقف تاكسي
Wo kann ich ein Taxi bekommen?	meneyn āχod taksi?
	منين أخد تاكسي؟
Ein Taxi rufen	an taṭlob taksi
	أن تطلب تاكسي
Ich brauche ein Taxi.	aḥtāg taksi
	أحتاج تاكسي
Jetzt sofort.	al'āan
	الآن
Wie ist Ihre Adresse? (Standort)	ma howa 'ennwānak?
	ما هو عنوانك؟
Meine Adresse ist ...	'ennwāny fi ...
	عنواني في ...
Ihr Ziel?	ettegāhak?
	إتجاهك؟
Entschuldigen Sie bitte, ...	ba'd ezznak, ...
	بعد إذنك، ...
Sind Sie frei?	enta fādy?
	إنت فاضي؟
Was kostet die Fahrt nach ...?	bekām arūh...?
	بكام أروح...؟
Wissen Sie wo es ist?	te'raf hiya feyn?
	تعرف هي فين؟
Flughafen, bitte.	el matār men faḍlak
	المطار من فضلك
Halten Sie hier bitte an.	wa'eff hena, laww samaht
	وقف هنا، لو سمحت
Das ist nicht hier.	meʃ hena
	مش هنا
Das ist die falsche Adresse.	da 'enwān yalat
	دة عنوان غلط
nach links	oddχol ʃemal
	ادخل شمال
nach rechts	oddχol yemīn
	ادخل يمين

Was schulde ich Ihnen?	'layī līk kām? علیّ لك كام؟
Ich würde gerne ein Quittung haben, bitte.	'āyez īşāl men fadlak. عايز إيصال، من فضلك.
Stimmt so.	χally el bā'y خللي الباقي

Warten Sie auf mich bitte	momken tesstannāny laww samaḥt? ممكن تستناني لو سمحت؟
fünf Minuten	χamas daqā'eq خمس دقائق
zehn Minuten	'aʃar daqā'eq عشر دقائق
fünfzehn Minuten	rob' sā'a ربع ساعة
zwanzig Minuten	telt sā'a تلت ساعة
eine halbe Stunde	noşş sā'a نص ساعة

Hotel

Guten Tag.	ahlan أهلا
Mein Name ist ...	essmy ... ... إسمي
Ich habe eine Reservierung.	ʿandy haggz عندي حجز
Ich brauche ...	mehtāg ... ... محتاج
ein Einzelzimmer	ɣorfa moffrada غرفة مفردة
ein Doppelzimmer	ɣorfa mozzdawwaga غرفة مزدوجة
Wie viel kostet das?	seʿraha kām? سعرها كام؟
Das ist ein bisschen teuer.	di ɣalya ʃewaya دي غالية شوية
Haben Sie sonst noch etwas?	ʿandak xayarāt tanya? عندك خيارات تانية؟
Ich nehme es.	haxod-ha ح أخدها
Ich zahle bar.	haddfaʿ naqqdy ح أدفع نقدي
Ich habe ein Problem.	ana ʿandy moʃkela أنا عندي مشكلة
Mein ... ist kaputt.	... maksūr ...مكسور
Mein ... ist außer Betrieb.	... ʿatlān /ʿatlāna/ /عطلان /عطلانة...
Fernseher	el televizyōn التليفزيون
Klimaanlage	el takyīf التكييف
Wasserhahn	el hanafiya (~ ʿatlāna) الحنفية
Dusche	el doʃ الدش
Waschbecken	el banyo البانيو
Safe	el xāzena (~ ʿatlāna) الخازنة

Türschloss	'effl el bāb
	قفل الباب
Steckdose	maxrag el kahraba
	مخرج الكهربا
Föhn	mogaffef el ʃaʻr
	مجفف الشعر

Ich habe kein …	maʻandīʃ …
	ما عنديش ...
Wasser	maya
	مية
Licht	nūr
	نور
Strom	kahraba
	كهربا

Können Sie mir … geben?	momken teddīny …?
	ممكن تديني ...؟
ein Handtuch	fūta
	فوطة
eine Decke	baṭṭaneya
	بطانية
Hausschuhe	ʃebʃeb
	شبشب
einen Bademantel	robe
	روب
etwas Shampoo	ʃambū
	شامبو
etwas Seife	ṣabūn
	صابون

Ich möchte ein anderes Zimmer haben.	aḥebb ayayar el oḍa
	أحب أغير الأوضة
Ich kann meinen Schlüssel nicht finden.	meʃ lāʼy meftāḥy
	مش لاقي مفتاحي
Machen Sie bitte meine Tür auf	momken tefftaḥ oḍḍty men faḍlak?
	ممكن تفتح أوضتي من فضلك؟
Wer ist da?	meyn henāk?
	مين هناك؟
Kommen Sie rein!	ettfaḍḍal!
	إتفضل!
Einen Moment bitte!	daqīqa wāḥeda!
	دقيقة واحدة!
Nicht jetzt bitte.	meʃ dellwaʼty men faḍlak
	مش دلوقتي من فضلك

Kommen Sie bitte in mein Zimmer.	taʻāla oḍḍty laww samaḥt
	تعالى أوضتي لو سمحت
Ich würde gerne Essen bestellen.	ʻāyez ṭalab men xeddmet el wagabāt
	عايز طلب من خدمة الوجبات
Meine Zimmernummer ist …	raqam oḍḍty howa …
	رقم أوضتي هو ...

Ich reise ... ab.	ana māʃy ... أنا ماشي ...
Wir reisen ... ab.	ehna maʃyīn ... إحنا ماشيين ...
jetzt	dellwaʾty دلوقتي
diesen Nachmittag	baʿd el ẓohr بعد الظهر
heute Abend	el leyla di الليلة دي
morgen	bokra بكرة
morgen früh	bokra el ṣobh بكرة الصبح
morgen Abend	bokra bel leyl بكرة بالليل
übermorgen	baʿd bokra بعد بكرة

Ich möchte die Zimmerrechnung begleichen.	ahebb adfaʿ أحب أدفع
Alles war wunderbar.	kol ʃeyʾ kan rāʾeʿ كل شيء كان رائع
Wo kann ich ein Taxi bekommen?	feyn momken alāʾy taksi? فين ممكن ألاقي تاكسي؟
Würden Sie bitte ein Taxi für mich holen?	momken toṭlob lī taksi laww samaht? ممكن تطلب لي تاكسي لو سمحت؟

Restaurant

Könnte ich die Speisekarte sehen bitte?	momken aʃūf qā'ema el ṭaʿām men faḍlak? ممكن أشوف قائمة الطعام من فضلك؟
Tisch für einen.	tarabeyza le ʃaxṣ wāḥed ترابيزة لشخص واحد
Wir sind zu zweit (dritt, viert).	eḥnạ etneyn (talāta, arbaʿa) إحنا اتنين (ثلاثة، أربعة)
Raucher	modaxenīn مدخنين
Nichtraucher	ɣeyr moddaxenīn غير مدخنين
Entschuldigen Sie mich! (Einen Kellner ansprechen)	laww samaḥt لو سمحت
Speisekarte	qā'emat el ṭaʿām قائمة الطعام
Weinkarte	qā'emat el nebīz قائمة النبيذ
Die Speisekarte bitte.	el qā'ema, laww samaḥt القائمة، لو سمحت
Sind Sie bereit zum bestellen?	mosstaʿed toṭṭlob? مستعد تطلب؟
Was würden Sie gerne haben?	haṭāxod eh? ح تاخد إيه؟
Ich möchte …	ana ḥāxod … أنا ح أخد …
Ich bin Vegetarier.	ana nạbāty أنا نباتي
Fleisch	laḥma لحم
Fisch	samakk سمك
Gemüse	xodār خضار
Haben Sie vegetarisches Essen?	ʿandak aṭṭbāq nabātiya? عندك أطباق نباتية؟
Ich esse kein Schweinefleisch.	lā 'āakol ẹl xanzīr لا أكل الخنزير
Er /Sie/ isst kein Fleisch.	howwa /hiya/ la tākol el laḥm هو/هي/ لا تأكل اللحم

Ich bin allergisch auf …	'andy ḥasasseya men …
	عندي حساسية من …
Könnten Sie mir bitte … Bringen.	momken tegīb lī …
	ممكن تجيب لي…
Salz	Pfeffer	Zucker	melḥ	felfel	sokkar
	ملح ا فلفل ا سكر
Kaffee	Tee	Nachtisch	'ahwa	ʃāy	ḥelw
	قهوة ا شاي ا حلو
Wasser	Sprudel	stilles	meyāh	ɣaziya	'adiya
	مياه ا غازية ا عادية
einen Löffel	eine Gabel	ein Messer	ma'la'a	ʃowka	sekkīna
	ملعقة ا شوكة ا سكينة
einen Teller	eine Serviette	tabaq	fūṭa
	طبق افوطة

Guten Appetit!	bel hana wel ʃefa
	بالهنا والشفا
Noch einen bitte.	waḥda kamān laww samaḥt
	واحدة كمان لو سمحت
Es war sehr lecker.	kanet lazīza geddan
	كانت لذيذة جدا

Scheck	Wechselgeld	Trinkgeld	ʃīk	fakka	ba'ʃīʃ
	شيك أفكة ابقشيش
Zahlen bitte.	momken el ḥesāb laww samaḥt?
	ممكن الحساب لو سمحت؟
Kann ich mit Karte zahlen?	momken addfa' þe kart e'temān?
	ممكن أدفع بكارت إئتمان؟
Entschuldigen Sie, hier ist ein Fehler.	ana 'āssif, feyh ɣalta hena
	أنا آسف، في غلطة هنا

Einkaufen

Kann ich Ihnen behilflich sein?	momken asa'dak? ممكن أساعدك؟
Haben Sie ...?	ya tara 'andak ...? يا ترى عندك ...؟
Ich suche ...	ana badawwar 'la ... أنا بادور على ...
Ich brauche ...	mehtāg ... محتاج ...

Ich möchte nur schauen.	ana battfarrag أنا باتفرج
Wir möchten nur schauen.	ehna benettfarrag إحنا بنتفرج
Ich komme später noch einmal zurück.	hāgy ba'deyn ح أجي بعدين
Wir kommen später vorbei.	haneygy ba'deyn ح نيجي بعدين
Rabatt	Ausverkauf	taxfīdāt	okazyōn تخفيضات	أوكازيون

Zeigen Sie mir bitte ...	momken tewarrīny ... laww samaht? ممكن توريني ... لو سمحت؟
Geben Sie mir bitte ...	momken teddīny ... laww samaht ممكن تديني ... لو سمحت
Kann ich es anprobieren?	momken a'īs? ممكن أقيس؟
Entschuldigen Sie bitte, wo ist die Anprobe?	laww samaht, feyn el brova? لو سمحت، فين البروفا؟
Welche Farbe mögen Sie?	'āyez ayī lone? عايز أي لون؟
Größe	Länge	maqās	tūl مقاس	طول
Wie sitzt es?	ya tara el maqās mazbūt? يا ترى المقاس مضبوظ؟

Was kostet das?	bekām? بكام؟
Das ist zu teuer.	da ġāly geddan دة غالي جدا
Ich nehme es.	haftereyh ح أشتريه
Entschuldigen Sie bitte, wo ist die Kasse?	ba'd ezznak, addfa' feyn laww samaht? بعد إذنك، أدفع فين لو سمحت؟

Zahlen Sie Bar oder mit Karte?	ḥateddfaʿ naqqdan walla be kart eʾtemān? ح تدفع نقدا ولا بكارت إئتمان؟
in Bar | mit Karte	naqdan | be kart eʾtemān نقدا ا بكارت إئتمان

Brauchen Sie die Quittung?	ʿāyez īṣāl? عايز إيصال؟
Ja, bitte.	aywā, men faḍlak أيوة، من فضلك
Nein, es ist ok.	lā, mafiʃ moʃkela لا، ما فيش مشكلة
Danke. Einen schönen Tag noch!	ʃokran. yome saʿīd شكرا. يوم سعيد

In der Stadt

Entschuldigen Sie bitte, …	ba'd ezznak, laww samaḥt بعد إذنك، لو سمحت
Ich suche …	ana badawwar 'la … أنا بادور على ...
die U-Bahn	metro el anfā' مترو الأنفاق
mein Hotel	el fondo' betā'i الفندق بتاعي
das Kino	el sinema السينما
den Taxistand	maw'af taksi موقف تاكسي

einen Geldautomat	makīnet ṣarraf 'āaly ماكينة صراف آلي
eine Wechselstube	maktab ṣarrafa مكتب صرافة
ein Internetcafé	maqha internet مقهى انترنت
die … -Straße	ʃāre'… ... شارع
diesen Ort	el makān da المكان دة

Wissen Sie, wo … ist?	hal te'raf feyn …? هل تعرف فين ...؟
Wie heißt diese Straße?	essmu eyh el ʃāre' da? اسمه إيه الشارع دة؟
Zeigen Sie mir wo wir gerade sind.	momken tewarrīny ehna feyn dellwa'ty? ممكن توريني إحنا فين دلوقتي؟
Kann ich dort zu Fuß hingehen?	momken awṣal henāk māʃy? ممكن أوصل هناك ماشي؟
Haben Sie einen Stadtplan?	'andak ҳarīṭa lel madīna? عندك خريطة للمدينة؟

Was kostet eine Eintrittskarte?	bekām tazkaret el doҳūl? بكام تذكرة الدخول؟
Darf man hier fotografieren?	momken aṣṣawwar hena? ممكن أصور هنا؟
Haben Sie offen?	entom fatt-ḥīn? إنتم فاتحين؟

Wann öffnen Sie?

emta betefftaḥu?

إمتى بتفتحوا؟

Wann schließen Sie?

emta bete'ffelu?

إمتى بتقفلوا؟

Geld

Geld	folūss فلوس
Bargeld	naqdy نقدي
Papiergeld	folūss waraqiya فلوس ورقية
Kleingeld	fakka فكة
Scheck | Wechselgeld | Trinkgeld	ʃīk | fakka | ba'ʃīʃ شيك أفكة أبقشيش

Kreditkarte	kart e'temān كارت إئتمان
Geldbeutel	maḥfaza محفظة
kaufen	ʃerā' شراء
zahlen	daf' دفع
Strafe	ɣarāma غرامة
kostenlos	maggānan مجانا

Wo kann ich … kaufen?	feyn momken aʃtery …? فين ممكن أشتري ...؟
Ist die Bank jetzt offen?	hal el bank fāteḥ dellwa'ty هل البنك فاتح دلوقتي؟
Wann öffnet sie?	emta betefftaḥ? إمتى بيفتح؟
Wann schließt sie?	emta beye'ffel? إمتى بيقفل؟

Wie viel?	bekām? بكام؟
Was kostet das?	bekām da? بكام دة؟
Das ist zu teuer.	da ɣāly geddan دة غالي جدا

Entschuldigen Sie bitte, wo ist die Kasse?	ba'd ezznak, addfa' feyn laww samaḥt? بعد إذنك، أدفع فين لو سمحت؟
Ich möchte zahlen.	el ḥesāb men faḍlak الحساب من فضلك

Kann ich mit Karte zahlen?

momken addfaʻ þe kart eʾtemān?
ممكن أدفع بكارت إئتمان؟

Gibt es hier einen Geldautomat?

feyh hena makīnet ṣarraf ʾāaly?
فيه هنا ماكينة صراف آلي؟

Ich brauche einen Geldautomat.

baddawwar ʻla makīnet ṣarraf ʾālly
بادور على ماكينة صراف آلي

Ich suche eine Wechselstube.

baddawwar ʻla maktab ṣarrāfa
بادور على مكتب صرافة

Ich möchte ... wechseln.

ʻāyez aɣayar ...
عايز أغير ...

Was ist der Wechselkurs?

seʻr el ʻomla kām?
سعر العملة كام؟

Brauchen Sie meinen Reisepass?

enta meḥtāg gawāz safary?
إنت محتاج جواز سفري؟

Zeit

Wie spät ist es?	el sā'a kām? الساعة كام؟
Wann?	emta? إمتى؟
Um wie viel Uhr?	fi ayī sā'a? في أي ساعة؟
jetzt | später | nach …	dellwa'ty | ba'deyn | ba'd … دلوقتي ا بعدين ا بعد ...
ein Uhr	el sā'a wahda الساعة واحدة
Viertel zwei	el sā'a wahda we rob' الساعة واحدة وربع
Ein Uhr dreißig	el sā'a wahda we noṣṣ الساعة واحدة ونص
Viertel vor zwei	el sā'a etneyn ellā rob' الساعة إتنين إلا ربع
eins | zwei | drei	wahda | etneyn | talāta واحدة الاتنين اتلاتة
vier | fünf | sechs	arba'a | ҳamsa | setta أربعة خمسة ا ستة
sieben | acht | neun	sabb'a | tamanya | tess'a سبعة ا تمانية اتسعة
zehn | elf | zwölf	'aʃra | hedāʃar | etnāʃar عشرة ا حداشر ا اتناشر
in …	fi … في ...
fünf Minuten	ҳamas daqā'eq خمس دقائق
zehn Minuten	'aʃar daqā'eq عشر دقائق
fünfzehn Minuten	rob' sā'a ربع ساعة
zwanzig Minuten	telt sā'a تلت ساعة
einer halben Stunde	noṣṣ sā'a نص ساعة
einer Stunde	sā'a ساعة

am Vormittag	el sobh الصبح
früh am Morgen	el sobh badri الصبح بدري
diesen Morgen	el naharda el sobh النهاردة الصبح
morgen früh	bokra el sobh بكرة الصبح

am Mittag	fi noss el yome في نص اليوم
am Nachmittag	ba'd el zohr بعد الظهر
am Abend	bel leyl بالليل
heute Abend	el leyla di الليلة دي

in der Nacht	bel leyl بالليل
gestern	emmbāreh إمبارح
heute	el naharda النهاردة
morgen	bokra بكرة
übermorgen	ba'd bokra بعد بكرة

Welcher Tag ist heute?	el naharda eyh fel ayām? النهاردة إيه في الأيام؟
Es ist ...	el naharda ... النهاردة ...
Montag	el etneyn الإتنين
Dienstag	el talāt التلات
Mittwoch	el 'arba' الأربع

Donnerstag	el xamīs الخميس
Freitag	el gumu'ā الجمعة
Samstag	el sabt السبت
Sonntag	el hadd الحد

Begrüßungen und Vorstellungen

Hallo.	ahlan أهلا
Freut mich, Sie kennen zu lernen.	saʿīd be leqāʾak سعيد بلقائك
Ganz meinerseits.	ana ass'ad أنا أسعد
Darf ich vorstellen? Das ist ...	aʿarrafak be ... أعرفك بـ ...
Sehr angenehm.	forṣa saʿīda فرصة سعيدة

Wie geht es Ihnen?	ezzayak? إزيك؟
Ich heiße ...	esmy ... أسمي ...
Er heißt ...	essmu ... إسمه ...
Sie heißt ...	essmaha ... إسمها ...
Wie heißen Sie?	essmak eyh? إسمك إيه؟
Wie heißt er?	essmu eyh? إسمه إيه؟
Wie heißt sie?	essmaha eyh? إسمها إيه؟

Wie ist Ihr Nachname?	essm ʿāʾeltak eyh? إسم عائلتك إيه؟
Sie können mich ... nennen.	te'ddar tenadīny be... تقدر تناديني بـ....
Woher kommen Sie?	enta meneyn? إنت منين؟
Ich komme aus ...	ana men ... أنا من ...
Was machen Sie beruflich?	beteʃtaɣal eh? بتشتغل إيه؟
Wer ist das?	meyn da مين دة
Wer ist er?	meyn howwa? مين هو؟
Wer ist sie?	meyn hiya? مين هي؟
Wer sind sie?	meyn homm? مين هم؟

Das ist ...	da yeb'ā ... دة يبقى ...
mein Freund	ṣadīqy صديقي
meine Freundin	ṣadīqaty صديقتي
mein Mann	gouzy جوزي
meine Frau	merāty مراتي
mein Vater	waldy والدي
meine Mutter	waldety والدتي
mein Bruder	aχūya أخويا
mein Sohn	ebny إبني
meine Tochter	bennty بنتي
Das ist unser Sohn.	da ebnena دة إبننا
Das ist unsere Tochter.	di benntena دي بنتننا
Das sind meine Kinder.	dole awwlādy دول أولادي
Das sind unsere Kinder.	dole awwladna دول أولادنا

Verabschiedungen

Auf Wiedersehen!	ella alliqā'
	إلى اللقاء
Tschüss!	salām
	سلام
Bis morgen.	aʃūfak bokra
	أشوفك بكرة
Bis bald.	aʃūfak orayeb
	أشوفك قريب
Bis um sieben.	aʃūfak el sā'a sab'a
	أشوفك الساعة سبعة

Viel Spaß!	esstammte'!
	إستمتع!
Wir sprechen später.	netkallem ba'deyn
	نتكلم بعدين
Ich wünsche Ihnen ein schönes Wochenende.	'oṭṭlet osbū' sa'īda
	عطلة أسبوع سعيدة
Gute Nacht.	teṣṣbaḥ 'la xeyr
	تصبح على خير

Es ist Zeit, dass ich gehe.	gā' waqt el zehāb
	جاء وقت الذهاب
Ich muss gehen.	lāzem amʃy
	لازم أمشي
Ich bin gleich wieder da.	ḥarga' 'la ṭūl
	ح أرجع على طول

Es ist schon spät.	el waqt mett'axar
	الوقت متأخر
Ich muss früh aufstehen.	lāzem aṣṣ-ha badry
	لازم أصحى بدري
Ich reise morgen ab.	ana māʃy bokra
	أنا ماشي بكرة
Wir reisen morgen ab.	ehhna maʃyīn bokra
	إحنا ماشيين بكرة

Ich wünsche Ihnen eine gute Reise!	reḥla sa'īda!
	رحلة سعيدة!
Hat mich gefreut, Sie kennen zu lernen.	forṣa sa'īda
	فرصة سعيدة
Hat mich gefreut mit Ihnen zu sprechen.	sa'eddt bel kalām ma'ak
	سعدت بالكلام معك
Danke für alles.	ʃokran 'la koll ʃey'
	شكرا على كل شيء

Ich hatte eine sehr gute Zeit.

ana qaddayt waqt saʿīd
أنا قضيت وقت سعيد

Wir hatten eine sehr gute Zeit.

ehna 'addeyna wa't saʿīd
إحنا قضينا وقت سعيد

Es war wirklich toll.

kan bel feʿl rāʾeʿ
كان بالفعل رائع

Ich werde Sie vermissen.

hatewwhaʃīny
ح توحشني

Wir werden Sie vermissen.

hatewwhaʃna
ح توحشنا

Viel Glück!

hazz saʿīd!
حظ سعيد!

Grüßen Sie …

tahīāty le…
تحياتي لـ...

Fremdsprache

Ich verstehe nicht.	ana meʃ fāhem
	أنا مش فاهم
Schreiben Sie es bitte auf.	ektebha laww samaḥt
	إكتبها لو سمحت
Sprechen Sie ...?	enta betettkalem ...?
	انت بتتكلم ...؟

Ich spreche ein bisschen ...	ana battkallem ʃewaya ...
	أنا بأتكلم شوية ...
Englisch	engilīzy
	انجليزي
Türkisch	torky
	تركي
Arabisch	ʿaraby
	عربي
Französisch	faransāwy
	فرنساوي

Deutsch	almāny
	ألماني
Italienisch	iṭāly
	إيطالي
Spanisch	asbāny
	أسباني
Portugiesisch	bortoɣāly
	برتغالي
Chinesisch	ṣīny
	صيني
Japanisch	yabāny
	ياباني

Können Sie das bitte wiederholen.	momken teʿīd el kalām men faḍlak?
	ممكن تعيد الكلام من فضلك؟
Ich verstehe.	ana fāhem
	انا فاهم
Ich verstehe nicht.	ana meʃ fāhem
	انا مش فاهم
Sprechen Sie etwas langsamer.	momken tetkallem abṭa' laww samaḥt?
	ممكن تتكلم ابطأ لو سمحت؟

Ist das richtig?	keda ṣaḥḥ?
	كدة صح؟
Was ist das? (Was bedeutet das?)	eh da?
	إيه دة؟

Entschuldigungen

Entschuldigen Sie bitte.	ba'd ezznak, laww samaḥt
	بعد إذنك، لو سمحت
Es tut mir leid.	ana 'āṣṣif
	أنا آسف
Es tut mir sehr leid.	ana 'āṣṣif beggad
	أنا آسف بجد
Es tut mir leid, das ist meine Schuld.	ana 'āṣṣif, di ɣalṭeti
	أنا آسف، دي غلطتي
Das ist mein Fehler.	ɣalṭety
	غلطتي

Darf ich ...?	momken ...?
	ممكن ...؟
Haben Sie etwas dagegen, wenn ich ...?	teddāyi' laww ...?
	تتضايق لو ...؟
Es ist okay.	mafiʃ moʃkela
	ما فيش مشكلة
Alles in Ordnung.	kollo tamām
	كله تمام
Machen Sie sich keine Sorgen.	mate'la'ʃ
	ما تقلقش

Einigung

Ja.	aywā أيوة
Ja, natürlich.	aywa, akīd ايوة، أكيد
Ok! (Gut!)	tamām تمام
Sehr gut.	kowayīs geddan كويس جدا
Natürlich!	bekol ta'kīd! بكل تأكيد!
Genau.	mewāfe' موافق

Das stimmt.	da ṣaḥīḥ دة صحيح
Das ist richtig.	da ṣaḥḥ دة صح
Sie haben Recht.	kalāmak ṣaḥḥ كلامك صح
Ich habe nichts dagegen.	ma'andīʃ māneʻ ما عنديش مانع
Völlig richtig.	ṣaḥḥ tamāman صح تماما

Das kann sein.	momken ممكن
Das ist eine gute Idee.	di fekra kewayīsa دي فكرة كويسة
Ich kann es nicht ablehnen.	ma'darʃ a'ūl la' ما أقدرش أقول لأ
Ich würde mich freuen.	bekol sorūr حكون سعيد
Gerne.	bekol sorūr بكل سرور

Ablehnung. Äußerung von Zweifel

Nein.	la'a لأ
Natürlich nicht.	akīd la' أكيد لأ
Ich stimme nicht zu.	meʃ mewāfe' مش موافق
Das glaube ich nicht.	ma 'azzonneʃ keda ما أظنش كدة
Das ist falsch.	da meʃ saḥīḥ دة مش صحيح

Sie liegen falsch.	enta ɣalṭān إنت غلطان
Ich glaube, Sie haben Unrecht.	azonn ennak ɣalṭān أظن إنك غلطان
Ich bin nicht sicher.	meʃ akīd مش أكيد
Das ist unmöglich.	da mos-taḥīl دة مستحيل
Nichts dergleichen!	mafīʃ ḥāga keda! ما فيش حاجة كدة!

Im Gegenteil!	el 'akss tamāman العكس تماما
Ich bin dagegen.	ana dedd da أنا ضد دة
Es ist mir egal.	ma yehemmenīʃ ما يهمنيش
Keine Ahnung.	ma'andīʃ fekra ما عنديش فكرة
Ich bezweifle, dass es so ist.	aʃokk fe da أشك في دة

Es tut mir leid, ich kann nicht.	'āssef ma 'qdarʃ آسف، ما أقدرش
Es tut mir leid, ich möchte nicht.	'āssef meʃ 'ayez آسف، مش عايز

Danke, das brauche ich nicht.	ʃokran, bass ana meʃ meḥtāg loh شكرا، بس أنا مش محتاج له
Es ist schon spät.	el waqt mett'aχar الوقت متأخر

Ich muss früh aufstehen.

Mir geht es schlecht.

lāzem aṣṣ-ḥa badry

لازم أصحى بدري

ana ta'bān

أنا تعبان

Dankbarkeit ausdrücken

Danke.	ʃokran شكراً
Dankeschön.	ʃokran gazīlan شكراً جزيلاً
Ich bin Ihnen sehr verbunden.	ana ḥaʾiʾi meʾaddar da أنا حقيقي مقدر دة
Ich bin Ihnen sehr dankbar.	ana mommtann līk geddan أنا ممتن لك جداً
Wir sind Ihnen sehr dankbar.	eḥna mommtannīn līk geddan إحنا ممتنين لك جداً

Danke, dass Sie Ihre Zeit geopfert haben.	ʃokran ʿla waʾtak شكراً على وقتك
Danke für alles.	ʃokran ʿla koll ʃey' شكراً على كل شيء
Danke für …	ʃokran ʿla … شكراً على ...
Ihre Hilfe	mosaʿdetak مساعدتك
die schöne Zeit	el waqt الوقت اللطيف

das wunderbare Essen	wagba rāʾeʿa وجبة رائعة
den angenehmen Abend	amsiya mummteʾa أمسية ممتعة
den wunderschönen Tag	yome rāʾeʿ يوم رائع
die interessante Führung	reḥla mod-heʃa رحلة مدهشة

Keine Ursache.	lā ʃokr ʿla wāgeb لا شكر على واجب
Nichts zu danken.	el ʿafw العفو
Immer gerne.	ayī waqt أي وقت
Es freut mich, geholfen zu haben.	bekol sorūr بكل سرور
Vergessen Sie es.	ennsa إنسى
Machen Sie sich keine Sorgen.	mateʾlaʃ ما تقلقش

Glückwünsche. Beste Wünsche

Glückwunsch!	ohanṇīk! أهنيك!
Alles gute zum Geburtstag!	ʾīd milād saʿīd! عيد ميلاد سعيد!
Frohe Weihnachten!	ʾīd milād saʿīd! عيد ميلاد سعيد!
Frohes neues Jahr!	sana gedīda saʿīda! سنة جديدة سعيدة!

Frohe Ostern!	ʃamm nessīm saʿīd! شم نسيم سعيد!
Frohes Hanukkah!	hanūka saʿīda! هانوكا سعيدة!

Ich möchte einen Toast ausbringen.	aḥebb aqtareḥ neʃrab naχab أحب أقترح نشرب نخب
Auf Ihr Wohl!	fi seḥḥettak في صحتك
Trinken wir auf …!	yalla neʃrab fe …! ياللا نشرب في ...!
Auf unseren Erfolg!	nagāḥna نجاحنا
Auf Ihren Erfolg!	nagāḥak نجاحك

Viel Glück!	ḥazz saʿīd! حظ سعيد!
Einen schönen Tag noch!	nahārak saʿīd! نهارك سعيد!
Haben Sie einen guten Urlaub!	agāza ṭayeba! أجازة طيبة!
Haben Sie eine sichere Reise!	trūḥ bel salāma! تروح بالسلامة!
Ich hoffe es geht Ihnen bald besser!	atmanna ennak tataʿāfa besorʿa! أتمنى إنك تتعافى بسرعة!

Sozialisieren

Warum sind Sie traurig?	enta leyh zaʿlān? إنت ليه زعلان؟
Lächeln Sie!	ebbtassem! farrfeʃ! إبتسم! فرفش!
Sind Sie heute Abend frei?	enta fādy el leyla di? إنت فاضي الليلة دي؟

Darf ich Ihnen was zum Trinken anbieten?	momken aʿzemak ʿla maʃrūb? ممكن أعزمك على مشروب؟
Möchten Sie tanzen?	tehebb torrʾoṣṣ? تحب ترقص؟
Gehen wir ins Kino.	yalla nerūh el sinema ياللا نروح السينما

Darf ich Sie ins ... einladen?	momken aʿzemak ʿla ...? ممكن أعزمك على ...؟
Restaurant	mattʿam مطعم
Kino	el sinema السينما
Theater	el masrah المسرح
auf einen Spaziergang	tamʃeya تمشية

Um wie viel Uhr?	fi ayī sāʿa? في أي ساعة؟
heute Abend	el leyla di الليلة دي
um sechs Uhr	el sāʿa setta الساعة ستة
um sieben Uhr	el sāʿa sabʿa الساعة سبعة
um acht Uhr	el sāʿa tamanya الساعة تمانية
um neun Uhr	el sāʿa tessʿa الساعة تسعة

Gefällt es Ihnen hier?	ya tara ʿagbak el makān? يا ترى عاجبك المكان؟
Sind Sie hier mit jemandem?	enta hena maʿ hadd? إنت هنا مع حد؟
Ich bin mit meinem Freund /meiner Freundin/.	ana maʿ ṣadīq أنا مع صديق

Ich bin mit meinen Freunden.	ana maʿ aṣṣdiqāʾ
	أنا مع أصدقاء
Nein, ich bin alleine.	lā, ana waḥḥdy
	لا، أنا وحدي

Hast du einen Freund?	hal ʿandak ṣadīq?
	هل عندك صديق؟
Ich habe einen Freund.	ana ʿandy ṣadīq
	أنا عندي صديق
Hast du eine Freundin?	hal ʿandak ṣadīqa?
	هل عندك صديقة؟
Ich habe eine Freundin.	ana ʿandy ṣadīqa
	أنا عندي صديقة

Kann ich dich nochmals sehen?	aʿdar aʃūfak tāny?
	أقدر أشوفك تاني؟
Kann ich dich anrufen?	aʿdar atteṣel bīk?
	أقدر أتصل بك؟
Ruf mich an.	ettaṣṣel bī
	إتصل بي
Was ist deine Nummer?	eh raqamek?
	إيه رقمك؟
Ich vermisse dich.	waḥaʃtīny
	وحشتني

Sie haben einen schönen Namen.	essmek gamīl
	إسمك جميل
Ich liebe dich.	oḥebbek
	أحبك
Willst du mich heiraten?	tettgawwezīny?
	تتجوزيني؟
Sie machen Scherze!	enta bett-hazzar!
	إنت بتهزر!
Ich habe nur gescherzt.	ana bahazzar bas
	أنا باهزر بس

Ist das Ihr Ernst?	enta bettettkallem gad?
	إنت بتتكلم جد؟
Das ist mein Ernst.	ana gād
	أنا جاد
Echt?!	ṣaḥīḥ?
	صحيح؟
Das ist unglaublich!	meʃ maʿʾūl!
	مش معقول!
Ich glaube Ihnen nicht.	ana meʃ meṣṣadʾāk
	أنا مش مصدقاك
Ich kann nicht.	maʾdarʃ
	ما أقدرش
Ich weiß nicht.	maʿraʃʃ
	ما أعرفش
Ich verstehe Sie nicht.	meʃ fahmāk
	مش فاهماك

Bitte gehen Sie weg.	men fadlak temʃy
	من فضلك تمشي
Lassen Sie mich in Ruhe!	sebbny lewaḥḥdy!
	سيبني لوحدي!

Ich kann ihn nicht ausstehen.	ana ḷā aṭīqo
	أنا لا أطيقه
Sie sind widerlich!	enta mo'reff
	إنت مقرف
Ich rufe die Polizei an!	haṭṭlob el ʃorta
	ح أطلب الشرطة

Gemeinsame Eindrücke. Emotionen

Das gefällt mir.	ye'gebny يعجبني
Sehr nett.	laṭīf geddan لطيف جدا
Das ist toll!	da rā'e' دة رائع
Das ist nicht schlecht.	da meʃ saye' دة مش سيء

Das gefällt mir nicht.	meʃ 'agebny مش عاجبني
Das ist nicht gut.	meʃ kowayīs مش كويس
Das ist schlecht.	da saye' دة سيء
Das ist sehr schlecht.	da saye' geddan دة سيء جدا
Das ist widerlich.	da mo'rreff دة مقرف

Ich bin glücklich.	ana saʿīd أنا سعيد
Ich bin zufrieden.	ana mabsūṭ أنا مبسوط
Ich bin verliebt.	ana baḥebb أنا باحب
Ich bin ruhig.	ana hāḍy أنا هادي
Ich bin gelangweilt.	ana zah'ān أنا زهقان

Ich bin müde.	ana ta'bān أنا تعبان
Ich bin traurig.	ana ḥazīn أنا حزين
Ich habe Angst.	ana χāyef أنا خايف

Ich bin wütend.	ana ɣadbān أنا غضبان
Ich mache mir Sorgen.	ana qalqān أنا قلقان
Ich bin nervös.	ana muṭawwatter أنا متوتر

Ich bin eifersüchtig.
ana ɣayrān
أنا غيران

Ich bin überrascht .
ana mutafāge'
أنا متفاجئ

Es ist mir peinlich.
ana morrtabek
أنا مرتبك

Probleme. Unfälle

Ich habe ein Problem.	ana ʿandy moʃkela أنا عندي مشكلة
Wir haben Probleme.	ehna ʿandena moʃkela إحنا عندنا مشكلة
Ich bin verloren.	ana tāӡeh أنا تايه
Ich habe den letzten Bus (Zug) verpasst.	fātny ʾāaχer otobiis فاتني آخر أوتوبيس
Ich habe kein Geld mehr.	meʃ fāḍel maʿaya flūss مش فاضل معايا فلوس

Ich habe mein ... verloren.	ḍāʿ menny ... betāʿy ضاع مني ... بتاعي
Jemand hat mein ... gestohlen.	ḥadd saraʾ ... betāʿy حد سرق ... بتاعي
Reisepass	bassbore باسبور
Geldbeutel	maḥfaza محفظة
Papiere	awwarāʾ أوراق
Fahrkarte	tazzkara تذكرة
Geld	folūss فلوس
Tasche	ʃannta شنطة
Kamera	kamera كاميرا
Laptop	lab tob لاب توب
Tabletcomputer	tablet تابلت
Handy	telefon maḥmūl تليفون محمول

Hilfe!	sāʿdny! !ساعدني
Was ist passiert?	eh elly ḥaṣal? إيه إللي حصل؟
Feuer	harīqa حريقة
Schießerei	ḍarrb nār ضرب نار

Mord	qattl قتل
Explosion	ennfegār إنفجار
Schlägerei	xenā'a خناقة

Rufen Sie die Polizei!	ettaṣel bel ʃorṭa! اتصل بالشرطة!
Beeilen Sie sich!	besor'a men faḍlak! بسرعة من فضلك!
Ich suche nach einer Polizeistation.	baddawwar 'la qessm el ʃorṭa بادور على قسم الشرطة
Ich muss einen Anruf tätigen.	meḥtāg a'mel mokalma telefoneya محتاج أعمل مكالمة تليفونية
Kann ich Ihr Telefon benutzen?	momken asstaxdem telefonak? ممكن أستخدم تليفونك؟

Ich wurde …	ana kont … أنا كنت …
ausgeraubt	ettnaʃalt اتنشلت
überfallen	ettsaraqt اتسرقت
vergewaltigt	oytiṣabt اغتصبت
angegriffen	ta'arraḍt le e'tedā' تعرضت لإعتداء

Ist bei Ihnen alles in Ordnung?	enta bexeyr? إنت بخير؟
Haben Sie gesehen wer es war?	ya tara ʃoft meyn? يا ترى شفت مين؟
Sind Sie in der Lage die Person wiederzuerkennen?	te'ddar tett'arraf 'la el ʃaxṣ da? تقدر تتعرف على الشخص دة؟
Sind sie sicher?	enta muta'kked? إنت متأكد؟

Beruhigen Sie sich bitte!	argūk ehda أرجوك إهدا
Ruhig!	hawwen 'aleyk! هون عليك!
Machen Sie sich keine Sorgen	mate'la'ʃ! ما تقلقش!
Alles wird gut.	kol ʃey' ḥaykūn tamām كل شيء ح يكون تمام
Alles ist in Ordnung.	kol ʃey' tamām كل شيء تمام
Kommen Sie bitte her.	ta'āla hena laww samaḥt تعالى هنا لو سمحت
Ich habe einige Fragen für Sie.	'andy līk as'ela عندي لك أسئلة

Warten Sie einen Moment bitte.

esstanna laḥza men faḍlak

إستنى لحظة من فضلك

Haben Sie einen Identifikationsnachweis?

ʿandak raqam qawwmy

عندك رقم قومي

Danke. Sie können nun gehen.

ʃokran. momken temʃy dellwaʼty

شكراً. ممكن تمشي دلوقتي

Hände hinter dem Kopf!

eydeyk wara rāsak!

إيديك ورا راسك!

Sie sind verhaftet!

enta maqbūḍ ʿaleyk!

إنت مقبوض عليك!

Gesundheitsprobleme

Helfen Sie mir bitte.	argūk sā'dny أرجوك ساعدني
Mir ist schlecht.	ana ta'bān أنا تعبان
Meinem Ehemann ist schlecht.	gouzy ta'bān جوزي تعبان
Mein Sohn ...	ebny ... إبني ...
Mein Vater ...	waldy ... والدي ...
Meine Frau fühlt sich nicht gut.	merāty ta'bāna مراتي تعابة
Meine Tochter ...	bennty ... بنتي ...
Meine Mutter ...	waldety ... والدتي ...
Ich habe ... schmerzen.	ana 'andy ... أنا عندي ...
Kopf-	ṣodā' صداع
Hals-	ehtiqān fel zore إحتقان في الزور
Bauch-	mayaṣṣ مغص
Zahn-	alam aṣnān ألم أسنان
Mir ist schwindelig.	ʃā'er be dawār شاعر بدوار
Er hat Fieber.	'andak homma عنده حمي
Sie hat Fieber.	'andaha homma عندها حمي
Ich kann nicht atmen.	meʃ 'āder attnaffess مش قادر أتنفس
Ich kriege keine Luft.	meʃ 'āder attnaffess مش قادر أتنفس
Ich bin Asthmatiker.	ana 'andy azzma أنا عندي أزمة
Ich bin Diabetiker /Diabetikerin/	ana 'andy el ṣokkar أنا عندي السكر

Ich habe Schlaflosigkeit.	meʃ ʾāder anām
	مش قادر أنام
Lebensmittelvergiftung	tassammom γezāʾy
	تسمم غذائي

Es tut hier weh.	betewwgaʿ hena
	بتوجع هنا
Hilfe!	sāʿedny!
	ساعدني!
Ich bin hier!	ana ḥena!
	أنا هنا!
Wir sind hier!	eḥna hena!
	إحنا هنا!
Bringen Sie mich hier raus!	χarragūny men hena
	خرجوني من هنا
Ich brauche einen Arzt.	ana meḥtāg ṭabīb
	أنا محتاج طبيب
Ich kann mich nicht bewegen.	meʃ ʾāder at-ḥarrak
	مش قادر أتحرك
Ich kann meine Beine nicht bewegen.	meʃ ʾāder aḥarrak reglaya
	مش قادر أحرك رجلية

Ich habe eine Wunde.	ʿandy garrḥḥ
	عندي جرح
Ist es ernst?	da beggad?
	دة بجد؟
Meine Dokumente sind in meiner Hosentasche.	awwrāʾy fi geyby
	أوراقي في جيبي
Beruhigen Sie sich!	ehhdaʾ!
	إهدا!
Kann ich Ihr Telefon benutzen?	momken asstaχdem telefonak?
	ممكن أستخدم تليفونك؟

Rufen Sie einen Krankenwagen!	oṭlob ʿarabeyet esʿāf!
	أطلب عربية إسعاف!
Es ist dringend!	di ḥāla messtaʿgela!
	دي حالة مستعجلة!
Es ist ein Notfall!	di ḥāla ṭāreʾa!
	دي حالة طارئة!
Schneller bitte!	besorʿa men faḍlak!
	بسرعة من فضلك!
Können Sie bitte einen Arzt rufen?	momken tekallem doktore men faḍlak?
	ممكن تكلم دكتور من فضلك؟
Wo ist das Krankenhaus?	feyn el mostaʃfa?
	فين المستشفى؟

Wie fühlen Sie sich?	ḥāsses be eyh dellwaʾty
	حاسس بإيه دلوقتي؟
Ist bei Ihnen alles in Ordnung?	enta beχeyr?
	إنت بخير؟
Was ist passiert?	eh elly ḥaṣal?
	إيه إللي حصل؟

Mir geht es schon besser.	ana ḥāsseṣ eny aḥssan dellwa'ty
	أنا حاسس إني أحسن دلوقتي
Es ist in Ordnung.	tamām
	تمام
Alles ist in Ordnung.	kollo tamām
	كله تمام

In der Apotheke

Apotheke	ṣaydaliya
	صيدلية
24 Stunden Apotheke	ṣaydaliya arbʿa we ʿeʃrīn sāʿa
	صيدلية 24 ساعة
Wo ist die nächste Apotheke?	feyn aqrab ṣaydaliya?
	فين أقرب صيدلية؟

Ist sie jetzt offen?	hiya fat-ḥa dellwaʾty?
	هي فاتحة دلوقتي؟
Um wie viel Uhr öffnet sie?	betefftaḥ emta?
	بتفتح إمتى؟
Um wie viel Uhr schließt sie?	beteʾffel emta?
	بتقفل إمتى؟

Ist es weit?	hiya beʿeyda?
	هي بعيدة؟
Kann ich dort zu Fuß hingehen?	momken awṣal ḥenāk māʃy?
	ممكن أوصل هناك ماشي؟
Können Sie es mir auf der Karte zeigen?	momken tewarrīny ʿlal xarīṭa?
	ممكن توريني على الخريطة؟

Bitte geben sie mir etwas gegen …	men faḍlak eddīny ḥāga le…
	من فضلك إديني حاجة لـ....
Kopfschmerzen	el sodāʿ
	الصداع
Husten	el kohḥa
	الكحة
eine Erkältung	el bard
	البرد
die Grippe	influenza
	الأنفلوانزا

Fieber	el ḥumma
	الحمى
Magenschmerzen	el mayaṣṣ
	المغص
Übelkeit	el yasayān
	الغثيان
Durchfall	el es-hāl
	الإسهال
Verstopfung	el emsāk
	الإمساك
Rückenschmerzen	alam fel ẓahr
	ألم في الظهر

Brustschmerzen	alam fel ṣadr
	ألم في الصدر
Seitenstechen	ɣorzza ganebiya
	غرزة جانبية
Bauchschmerzen	alam fel baṭṭn
	ألم في البطن

Pille	ḥabba
	حبة
Salbe, Creme	marham, krīm
	مرهم، كريم
Sirup	ʃarāb
	شراب
Spray	baxāx
	بخاخ
Tropfen	noqaṭṭ
	نقط

Sie müssen ins Krankenhaus gehen.	enta meḥtāg terūḥ
	انت محتاج تروح المستشفى
Krankenversicherung	ta'mīn ṣeḥḥy
	تأمين صحي
Rezept	roʃetta
	روشتة
Insektenschutzmittel	ṭāred lel ḥaʃarāt
	طارد للحشرات
Pflaster	blastar
	بلاستر

Das absolute Minimum

Entschuldigen Sie bitte, …	ba'd ezznak, … بعد إذنك، ...
Hallo.	ahlan أهلا
Danke.	ʃokran شكرًا
Auf Wiedersehen.	ella alliqā' إلى اللقاء
Ja.	aywā أيوة
Nein.	la'a لأ
Ich weiß nicht.	ma'raʃʃ ما أعرفش
Wo? | Wohin? | Wann?	feyn? | lefeyn? | emta? فين؟ ا لفين؟ ا إمتى؟

Ich brauche …	meḥtāg … محتاج ...
Ich möchte …	'āyez … عايز ...
Haben Sie …?	ya tara 'andak …? يا ترى عندك... ؟
Gibt es hier …?	feyh hena …? فيه هنا ...؟
Kann ich …?	momken …? ممكن ...؟
Bitte (anfragen)	… men faḍlak ... من فضلك

Ich suche …	ana badawwar 'la … أنا بادور على ...
die Toilette	ḥammām حمام
den Geldautomat	makīnet ṣarraf 'āaly ماكينة صراف آلي
die Apotheke	ṣaydaliya صيدلية
das Krankenhaus	mostaʃfa مستشفى
die Polizeistation	'essm el ʃorṭa قسم شرطة
die U-Bahn	metro el anfā' مترو الأنفاق

das Taxi	taksi تاكسي
den Bahnhof	mahattet el 'attr محطة القطر

Ich heiße ...	essmy ... إسمي...
Wie heißen Sie?	essmak eyh? اسمك إيه؟
Helfen Sie mir bitte.	te'ddar tesā'dny? تقدر تساعدني؟
Ich habe ein Problem.	ana 'andy moʃkela أنا عندي مشكلة
Mir ist schlecht.	ana ta'bān أنا تعبان
Rufen Sie einen Krankenwagen!	otlob 'arabeyet es'āf! أطلب عربية إسعاف!
Darf ich telefonieren?	momken a'mel mokalma telefoniya? ممكن أعمل مكالمة تليفونية؟

Entschuldigung.	ana 'āssif أنا آسف
Keine Ursache.	el 'afw العفو

ich	ana أنا
du	enta أنت
er	howwa هو
sie	hiya هي
sie (Pl, Mask.)	homm هم
sie (Pl, Fem.)	homm هم
wir	ehna احنا
ihr	entom انتم
Sie	haddretak حضرتك

EINGANG	doχūl دخول
AUSGANG	χorūg خروج
AUßER BETRIEB	'attlān عطلان
GESCHLOSSEN	moγlaq مغلق

OFFEN	maftūḥ
	مفتوح
FÜR DAMEN	lel sayedāt
	للسيدات
FÜR HERREN	lel regāl
	للرجال

MINI-WÖRTERBUCH

Dieser Teil beinhaltet
250 nützliche Wörter, die für
die tägliche Kommunikation
benötigt werden. Sie werden
hier die Namen der Monate
und Wochentage finden.
Das Wörterbuch beinhaltet
auch Themen wie Farben,
Maße, Familie und mehr

T&P Books Publishing

INHALT WÖRTERBUCH

T&P Books Publishing

Zeit (f)	waqt (m)	وقت
Stunde (f)	sā'a (f)	ساعة
eine halbe Stunde	niṣf sā'a (m)	نصف ساعة
Minute (f)	daqīqa (f)	دقيقة
Sekunde (f)	θāniya (f)	ثانية
heute	al yawm	اليوم
morgen	γadan	غدًا
gestern	ams	أمس
Montag (m)	yawm al iθnayn (m)	يوم الإثنين
Dienstag (m)	yawm aθ θulāθā' (m)	يوم الثلاثاء
Mittwoch (m)	yawm al arbi'ā' (m)	يوم الأربعاء
Donnerstag (m)	yawm al xamīs (m)	يوم الخميس
Freitag (m)	yawm al ʒum'a (m)	يوم الجمعة
Samstag (m)	yawm as sabt (m)	يوم السبت
Sonntag (m)	yawm al aḥad (m)	يوم الأحد
Tag (m)	yawm (m)	يوم
Arbeitstag (m)	yawm 'amal (m)	يوم عمل
Feiertag (m)	yawm al 'uṭla ar rasmiyya (m)	يوم العطلة الرسمية
Wochenende (n)	ayyām al 'uṭla (pl)	أيام العطلة
Woche (f)	usbū' (m)	أسبوع
letzte Woche	fil isbū' al māḍi	في الأسبوع الماضي
nächste Woche	fil isbū' al qādim	في الأسبوع القادم
morgens	fiṣ ṣabāḥ	في الصباح
nachmittags	ba'd aẓ ẓuhr	بعد الظهر
abends	fil masā'	في المساء
heute Abend	al yawm fil masā'	اليوم في المساء
nachts	bil layl	بالليل
Mitternacht (f)	muntaṣif al layl (m)	منتصف الليل
Januar (m)	yanāyir (m)	يناير
Februar (m)	fibrāyir (m)	فبراير
März (m)	māris (m)	مارس
April (m)	abrīl (m)	أبريل
Mai (m)	māyu (m)	مايو
Juni (m)	yūnyu (m)	يونيو
Juli (m)	yūlyu (m)	يوليو
August (m)	aγusṭus (m)	أغسطس

September (m)	sibtambar (m)	سبتمبر
Oktober (m)	uktūbir (m)	أكتوبر
November (m)	nuvimbar (m)	نوفمبر
Dezember (m)	disimbar (m)	ديسمبر

im Frühling	fir rabīʿ	في الربيع
im Sommer	fiṣ ṣayf	في الصيف
im Herbst	fil χarīf	في الخريف
im Winter	fiʃ ʃitāʾ	في الشتاء

Monat (m)	ʃahr (m)	شهر
Saison (f)	faṣl (m)	فصل
Jahr (n)	sana (f)	سنة

2. Zahlen. Zahlwörter

null	ṣifr	صفر
eins	wāḥid	واحد
zwei	iθnān	إثنان
drei	θalāθa	ثلاثة
vier	arbaʿa	أربعة

fünf	χamsa	خمسة
sechs	sitta	ستّة
sieben	sabʿa	سبعة
acht	θamāniya	ثمانية
neun	tisʿa	تسعة
zehn	ʿaʃara	عشرة

elf	aḥad ʿaʃar	أحد عشر
zwölf	iθnā ʿaʃar	إثنا عشر
dreizehn	θalāθat ʿaʃar	ثلاثة عشر
vierzehn	arbaʿat ʿaʃar	أربعة عشر
fünfzehn	χamsat ʿaʃar	خمسة عشر

sechzehn	sittat ʿaʃar	ستّة عشر
siebzehn	sabʿat ʿaʃar	سبعة عشر
achtzehn	θamāniyat ʿaʃar	ثمانية عشر
neunzehn	tisʿat ʿaʃar	تسعة عشر

zwanzig	ʿiʃrūn	عشرون
dreißig	θalāθīn	ثلاثون
vierzig	arbaʿūn	أربعون
fünfzig	χamsūn	خمسون

sechzig	sittūn	ستّون
siebzig	sabʿūn	سبعون
achtzig	θamānūn	ثمانون
neunzig	tisʿūn	تسعون
einhundert	miʾa	مائة

zweihundert	mi'atān	مائتان
dreihundert	θalāθumi'a	ثلاثمائة
vierhundert	rub'umi'a	أربعمائة
fünfhundert	χamsumi'a	خمسمائة
sechshundert	sittumi'a	ستّمائة
siebenhundert	sab'umi'a	سبعمائة
achthundert	θamānimi'a	ثمانمائة
neunhundert	tis'umi'a	تسعمائة
eintausend	alf	ألف
zehntausend	'aʃarat 'ālāf	عشرة آلاف
hunderttausend	mi'at alf	مائة ألف
Million (f)	milyūn (m)	مليون
Milliarde (f)	milyār (m)	مليار

3. Menschen. Familie

Mann (m)	raʒul (m)	رجل
Junge (m)	ʃābb (m)	شابّ
Frau (f)	imra'a (f)	إمرأة
Mädchen (n)	fatāt (f)	فتاة
Greis (m)	'aʒūz (m)	عجوز
alte Frau (f)	'aʒūza (f)	عجوزة
Mutter (f)	umm (f)	أمّ
Vater (m)	ab (m)	أب
Sohn (m)	ibn (m)	إبن
Tochter (f)	ibna (f)	إبنة
Bruder (m)	aχ (m)	أخ
Schwester (f)	uχt (f)	أخت
Eltern (pl)	wālidān (du)	والدان
Kind (n)	ţifl (m)	طفل
Kinder (pl)	aţfāl (pl)	أطفال
Stiefmutter (f)	zawʒat al ab (f)	زوجة الأب
Stiefvater (m)	zawʒ al umm (m)	زوج الأمّ
Großmutter (f)	ʒidda (f)	جدّة
Großvater (m)	ʒadd (m)	جدّ
Enkel (m)	ḥafīd (m)	حفيد
Enkelin (f)	ḥafīda (f)	حفيدة
Enkelkinder (pl)	aḥfād (pl)	أحفاد
Onkel (m)	'amm (m), χāl (m)	عمّ، خال
Tante (f)	'amma (f), χāla (f)	عمّة، خالة
Neffe (m)	ibn al aχ (m), ibn al uχt (m)	إبن الأخ، إبن الأخت
Nichte (f)	ibnat al aχ (f), ibnat al uχt (f)	إبنة الأخ، إبنة الأخت
Frau (f)	zawʒa (f)	زوجة

Mann (m)	zawʒ (m)	زوج
verheiratet (Ehemann)	mutazawwiʒ	متزوّج
verheiratet (Ehefrau)	mutazawwiʒa	متزوّجة
Witwe (f)	armala (f)	أرملة
Witwer (m)	armal (m)	أرمل

| Vorname (m) | ism (m) | إسم |
| Name (m) | ism al 'ā'ila (m) | إسم العائلة |

Verwandte (m)	qarīb (m)	قريب
Freund (m)	ṣadīq (m)	صديق
Freundschaft (f)	ṣadāqa (f)	صداقة

Partner (m)	rafīq (m)	رفيق
Vorgesetzte (m)	raʾīs (m)	رئيس
Kollege (m), Kollegin (f)	zamīl (m)	زميل
Nachbarn (pl)	ʒirān (pl)	جيران

4. Menschlicher Körper. Anatomie

Körper (m)	ʒism (m)	جسم
Herz (n)	qalb (m)	قلب
Blut (n)	dam (m)	دم
Gehirn (n)	muxx (m)	مخ

Knochen (m)	ʿaẓm (m)	عظم
Wirbelsäule (f)	ʿamūd faqriy (m)	عمود فقريّ
Rippe (f)	ḍilʿ (m)	ضلع
Lungen (pl)	riʾatān (du)	رئتان
Haut (f)	buʃra (m)	بشرة

Kopf (m)	raʾs (m)	رأس
Gesicht (n)	waʒh (m)	وجه
Nase (f)	anf (m)	أنف
Stirn (f)	ʒabha (f)	جبهة
Wange (f)	xadd (m)	خدّ

Mund (m)	fam (m)	فم
Zunge (f)	lisān (m)	لسان
Zahn (m)	sinn (f)	سنّ
Lippen (pl)	ʃifāh (pl)	شفاه
Kinn (n)	ðaqan (m)	ذقن

Ohr (n)	uðun (f)	أذن
Hals (m)	raqaba (f)	رقبة
Auge (n)	ʿayn (f)	عين
Pupille (f)	ḥadaqa (f)	حدقة
Augenbraue (f)	ḥāʒib (m)	حاجب
Wimper (f)	rimʃ (m)	رمش
Haare (pl)	ʃaʿr (m)	شعر

Frisur (f)	tasrīḥa (f)	تسريحة
Schnurrbart (m)	ʃawārib (pl)	شوارب
Bart (m)	liḥya (f)	لحية
haben (einen Bart ~)	ʿindahu	عنده
kahl	aṣlaʿ	أصلع

Hand (f)	yad (m)	يد
Arm (m)	ðirāʿ (f)	ذراع
Finger (m)	iṣbaʿ (m)	إصبع
Nagel (m)	ẓufr (m)	ظفر
Handfläche (f)	kaff (f)	كفّ

Schulter (f)	katf (f)	كتف
Bein (n)	riʒl (f)	رجل
Knie (n)	rukba (f)	ركبة
Ferse (f)	ʿaqb (m)	عقب
Rücken (m)	ẓahr (m)	ظهر

5. Kleidung. Persönliche Accessoires

Kleidung (f)	malābis (pl)	ملابس
Mantel (m)	miʿṭaf (m)	معطف
Pelzmantel (m)	miʿṭaf farw (m)	معطف فرو
Jacke (z.B. Lederjacke)	ʒākīt (m)	جاكيت
Regenmantel (m)	miʿṭaf lil maṭar (m)	معطف للمطر

Hemd (n)	qamīṣ (m)	قميص
Hose (f)	banṭalūn (m)	بنطلون
Jackett (n)	sutra (f)	سترة
Anzug (m)	badla (f)	بدلة

Damenkleid (n)	fustān (m)	فستان
Rock (m)	tannūra (f)	تنّورة
T-Shirt (n)	ti ʃirt (m)	تي شيرت
Bademantel (m)	θawb ḥammām (m)	ثوب حمّام
Schlafanzug (m)	biʒāma (f)	بيجاما
Arbeitskleidung (f)	θiyāb al ʿamal (m)	ثياب العمل

Unterwäsche (f)	malābis dāxiliyya (pl)	ملابس داخليّة
Socken (pl)	ʒawārib (pl)	جوارب
Büstenhalter (m)	ḥammālat ṣadr (f)	حمّالة صدر
Strumpfhose (f)	ʒawārib kulūn (pl)	جوارب كولون
Strümpfe (pl)	ʒawārib nisāʼiyya (pl)	جوارب نسائية
Badeanzug (m)	libās sibāḥa (m)	لباس سباحة

Mütze (f)	qubbaʿa (f)	قبّعة
Schuhe (pl)	aḥðiya (pl)	أحذية
Stiefel (pl)	būt (m)	بوت
Absatz (m)	kaʿb (m)	كعب
Schnürsenkel (m)	ʃarīṭ (m)	شريط

Schuhcreme (f)	warnĩʃ al ḥiðā' (m)	ورنيش الحذاء
Handschuhe (pl)	quffāz (m)	قفاز
Fausthandschuhe (pl)	quffāz muɣlaq (m)	قفّاز مغلق
Schal (Kaschmir-)	ʃʃārb (m)	إيشارب
Brille (f)	naẓẓāra (f)	نظارة
Regenschirm (m)	ʃamsiyya (f)	شمسيّة
Krawatte (f)	karavatta (f)	كرافتة
Taschentuch (n)	mandĩl (m)	منديل
Kamm (m)	miʃṭ (m)	مشط
Haarbürste (f)	furʃat ʃaʿr (f)	فرشة شعر
Schnalle (f)	bukla (f)	بكلة
Gürtel (m)	ḥizām (m)	حزام
Handtasche (f)	ʃanṭat yad (f)	شنطة يد

6. Haus. Wohnung

Wohnung (f)	ʃaqqa (f)	شقّة
Zimmer (n)	ɣurfa (f)	غرفة
Schlafzimmer (n)	ɣurfat an nawm (f)	غرفة النوم
Esszimmer (n)	ɣurfat il akl (f)	غرفة الأكل
Wohnzimmer (n)	ṣālat al istiqbāl (f)	صالة الإستقبال
Arbeitszimmer (n)	maktab (m)	مكتب
Vorzimmer (n)	madχal (m)	مدخل
Badezimmer (n)	ḥammām (m)	حمّام
Toilette (f)	ḥammām (m)	حمّام
Staubsauger (m)	miknasa kahrabā'iyya (f)	مكنسة كهربائيّة
Schrubber (m)	mimsaḥa ṭawĩla (f)	ممسحة طويلة
Lappen (m)	mimsaḥa (f)	ممسحة
Besen (m)	miqaʃʃa (f)	مقشّة
Kehrichtschaufel (f)	ʒārūf (m)	جاروف
Möbel (n)	aθāθ (m)	أثاث
Tisch (m)	maktab (m)	مكتب
Stuhl (m)	kursiy (m)	كرسيّ
Sessel (m)	kursiy (m)	كرسيّ
Spiegel (m)	mir'āt (f)	مرآة
Teppich (m)	siʒāda (f)	سجادة
Kamin (m)	midfa'a ḥā'iṭiyya (f)	مدفأة حائطيّة
Vorhänge (pl)	satā'ir (pl)	ستائر
Tischlampe (f)	miṣbāḥ aṭ ṭāwila (f)	مصباح الطاولة
Kronleuchter (m)	naʒafa (f)	نجفة
Küche (f)	maṭbaχ (m)	مطبخ
Gasherd (m)	butuɣāz (m)	بوتوغاز
Elektroherd (m)	furn kaharabā'iy (m)	فرن كهربائيّ

Mikrowellenherd (m)	furn al mikruwayv (m)	فرن الميكروويف
Kühlschrank (m)	θallāʒa (f)	ثلاجة
Tiefkühltruhe (f)	frīzir (m)	فريزِر
Geschirrspülmaschine (f)	ɣassāla (f)	غسّالة
Wasserhahn (m)	ḥanafiyya (f)	حنفيّة
Fleischwolf (m)	farrāmat laḥm (f)	فرّامة لحم
Saftpresse (f)	ʿaṣṣāra (f)	عصّارة
Toaster (m)	maḥmaṣat χubz (f)	محمصة خبز
Mixer (m)	χallāṭ (m)	خلّاط
Kaffeemaschine (f)	mākinat ṣanʿ al qahwa (f)	ماكينة صنع القهوة
Wasserkessel (m)	barrād (m)	برّاد
Teekanne (f)	barrād aʃ ʃāy (m)	برّاد الشاي
Fernseher (m)	tilivizyūn (m)	تليفزيون
Videorekorder (m)	ʒihāz tasʒīl vidiyu (m)	جهاز تسجيل فيديو
Bügeleisen (n)	makwāt (f)	مكواة
Telefon (n)	hātif (m)	هاتف